PROCÈS

DE

LA TRIBUNE,

ou

22,000 F. D'AMENDE,

CINQ ANS DE PRISON.

M. Sylvestre fils, juge-président.

MM. Villedieu de Torcy, et Amelin, conseillers.

JURÉS.

MM.

Buisson (Antoine-Martin), propriétaire, 1779, rue du faubourg Montmartre, n. 15.

Lesage (Jacques-Louis), terrassier, 1779, rue du Bac, n. 36 bis.

Guillebout (Léonard), avoué de première instance, 1790, rue Traversière, n. 41.

Paris (Roch), propriétaire, 1766, rue de Fourcy, n. 7.

Alary (Jacques-François-Xavier), architecte, 1789, rue de la Paix, n. 1.

Chatelain (Remi-Julien), colonel en retraite, 1771, rue Saint-Antoine, n. 97.

Loriol (Valéry), capitaine, 1777, rue du Petit-Musc, n. 12.

Viénot (Clément-Louis), cultivateur, 1774, à Vincennes.

De Jumilhac (le comte Joseph-Léon-Marie), propriétaire, 1773, rue de Lille n. 97.

Lebel (Pierre-Marie), affineur de métaux, 1788, à Belleville.

Lantru (Louis-Marie-Thomas), propriétaire, 1778, rue des Fontaines, n. 18.

Chacun doit répondre de ses œuvres devant le public. — Les jurés ont prononcé selon leur opinion, en leur âme et conscience. Nous donnons leurs noms avec le désir de faire connaître ceux qui nous ont été favorables, et, à ce titre, nous signalons

Simon (Jules-François), marchand boucher, 1795, rue de Charenton, n. 56.

PROCÈS
DE LA TRIBUNE.

81ᵐᵉ ET 82ᵐᵉ SAISIES DE LA TRIBUNE.

M. Lionne est extrait de Sainte-Pélagie et amené à la cour d'assises ; on procède au tirage du jury. M. Lionne et M. Sarrut, rédacteur en chef du journal, DÉCLARENT NE VOULOIR EXERCER AUCUNE RÉCUSATION.

La salle d'audience est remplie d'un nombreux concours d'auditeurs, on remarque surtout plusieurs dames qui paraissent attendre les débats avec impatience.

Après une affaire de fort peu d'importance, on appelle celle de la *Tribune* : M. Lionne est assis au barreau ; M. le président lui adresse les questions d'usage ; il déclare avoir choisi M. Sarrut pour son conseil.

M. le président à M. Sarrut. — Vos noms ?

R. Germain Sarrut.

D. Vos prénoms ?

R. Toujours , Germain (On rit.)

D. Votre état ?

R. Rédacteur en chef de *la Tribune.*

D. Comme vous n'êtes pas attaché au barreau, je vais vous lire en entier l'article qui vous trace vos devoirs.

R. (En souriant.) Comme vous voudrez : mais c'est une peine superflue que vous voulez bien prendre.

Le greffier donne ensuite lecture de l'arrêt de renvoi et de l'acte d'accusation, et des articles incriminés que nous reproduisons.

LA PROPAGANDE MONARCHIQUE.

Pour arriver à son but de despotisme, le juste-milieu a jeté dans les esprits, les idées et les mots une inexprimable confusion. Voyant quelques intérêts ignorans et aveugles s'inquiéter du sentiment de forte indépendance et du mouvement offensif que la révolution fesait éclater dans les masses, il s'est mis sur-le-champ à fortifier, pour les exploiter, ces préoccupations et ces terreurs égoïstes. Tout développement de notre influence extérieure, il l'a présenté sous les espèces de la guerre : toute conquête du progrès, tout pas de la liberté, toute assimilation , même légale et octroyée , d'un peuple étranger avec notre état politique, il l'enveloppe aujourd'hui dans la dénomination commune de propagande , parce qu'il l'a proscrite.

Voilà comment, avec quelques termes de l'argot aristocratique, le pouvoir vient à bout de masquer ses actions. Car pendant qu'il occupe les regards de ses dupes à surveiller un mal qui ne les menace pas, une autre propagande brutale, matérielle, impitoyable, s'avance derrière elles et contre elles, sans leur faire tourner la tête. Pendant qu'on remplit leur cerveau d'ombres de guillotines et de fantastiques massacres, des gibets chargés de cadavres étayent les monarchies, et le sang de Varsovie, de Cesène, de Forli, de Modène, de Chambéri, fait moins pour la liberté que ne fait contre elle une pierre lancée par une mauvaise tête ou un bras de police au schako d'un garde national.

N'est-t-il pas temps pourtant que les yeux de tous les bien intentionnés se dessillent ? Ne voient-ils pas que pendant qu'ils sont à trembler devant le croquemitaine de notre pacifique prédication, sa sanglante rivale court et grandit dans l'Europe, jetant dans ses balances, non des principes, mais des canons, fesant de toute société une question de force, une lutte perpétuelle, une oppression organisée ; marchant avec logique et gradation à l'étouffement de toute liberté, à l'asservissement de toute intelligence; procédant avec système de Bologne à Bruxelles, de Bruxelles à Varsovie, de Varsovie à Francfort, de Francfort à Turin, à chaque progrès suscitant ici des traîtres, là des bourreaux, et engageant avec les droits des peuples une lutte où elle s'est obligée à les vaincre tous ou à mourir.

Aussi, pour cette œuvre immense et difficile, les royautés, toutes solidaires, ont mis en commun tout ce qu'elles possèdent de ruse, de force et de capacité. Dans ce siége régulier de la civilisation et de la liberté de l'Europe, toutes les règles, toutes les précautions de l'art sont observées avec d'autant plus de soin et de respect, que le succès est une question d'existence. On s'est bien gardé de donner l'assaut au corps de la place, on a commencé par faire tomber un à un ses lointains boulevarts. Dans trois ans, ils ont fait tomber notre victoire et mourir tous nos alliés; les approches se font avec une obstination systématique, et la patiente habileté de l'aristocratie, et les extrémités du cercle obsidional qui furent un instant aux bords du Niémen et de l'Adriatique, se sont avancées, en s'épaississant, jusqu'aux portes de Grenoble et jusqu'aux bords du Rhin.

Un seul côté de nos provinces pouvait se croire à l'abri du blocus envahissant de la propagande absolutiste; mais voilà que l'Autriche tend, à peu près sans obstacle, à s'emparer des deux routes militaires de la Suisse, le Simplon et le Saint-Gothard, et alors le fluide despotique pesera de tout son poids et de toute sa ténacité sur nos frontières incomplètes et écornées.

En présence de ces actes et de ces dangers, que font nos gouvernans? Ils connaissent aussi bien que nous cet axiome devenu bien commun : « On ne laisse pas impunément l'ennemi se fortifier, on s'affaiblit de ce qu'on lui donne; » et cependant ils cèdent et reculent toujours!

Est-ce impuissance du pays? Qui peut le dire, et qui ne se souvient des immenses forces qu'avait créées juillet? Est-ce inhabileté chez ces hommes? Ah! notre nation serait aujourd'hui la plus grande et la plus glorieuse du monde s'ils avaient voulu consacrer à la servir la moitié des ressources intellectuelles et de l'ignoble talent qu'ils ont montré à la diviser et à la tromper.

Non, dans cette ligue de toutes les violences contre tous les droits, ils ont voulu jouer leur rôle de prédilection et d'habitude; c'est celui de Judas, embrasser et livrer.

Voilà en deux mots le résumé du gouvernement du 7 août. Qu'on nous cite une promesse qu'il n'ait pas faussée, un homme sincère qu'il n'ait pas dupé, un peuple qu'il n'ait pas trompé.

Certes, si nous voulions fouiller dans nos souvenirs, nous ne manquerions pas de faits propres à prouver notre dire, mais nous ne voulons pas fatiguer nos lecteurs de répétitions, et les récentes affaires du Piémont suffisent à fournir la preuve de la complicité de Louis-Philippe dans la propagande *de ses alliés*. Il fait avouer par ses écrivains qu'il a adopté leurs principes, qu'il défend leurs intérêts. Peu soucieux de son fameux système de non-intervention, il reconnaît à la sainte-alliance le droit de combattre toute constitution ; il professe ce monstrueux principe que, maîtres d'opprimer les peuples, les rois ne sont pas maîtres de les rendre libres; un allié se présente à la France, il le rejette à l'Autriche, il lui abaisse de ses mains la barrière des Alpes, et dans toute cette négociation, le roi de Piémont se montre le Français et le libéral, et le roi des Français l'Autrichien et le despote.

Il est vrai qu'il en donne pour raison qu'il n'a pas voulu faire de la propagande au profit du roi de Piémont. Eh quoi! roi des barricades, fils d'un régicide, avez-vous tellement menti à votre double naissance, que la propagande d'un roi absolu vous dépasse et vous fasse peur! Et comme, en contradiction avec vos paroles, partout vos intentions et vos tendances percent! Vous avez voulu, dites-vous, faire respecter les traités à Turin : n'y a-t-il donc pas des traités pour les constitutions de Bade et de Bavière! N'y a-t-il donc pas des traités en faveur de la nationalité de la Pologne! Et quand cet argument si banal ne vient se placer dans votre bouche que pour la défense de l'absolutisme, et jamais comme protection d'une indépendance ou d'une liberté de peuple, que vous avez bonne grâce à nous dire que vous n'avez de sympathies que pour les constitutions et de vœux secrets que contre les rois absolus!

Il est vrai que le pouvoir nous a, par le *Journal des Débats*, promis son intercession et des *représentations* pressantes contre les boucheries de Charles-Albert, dont il est la cause première. Eh ! mon Dieu, nous savons bien que les promesses lui coûtent peu. Mais nous savons aussi qu'il s'occupe fort peu de les tenir. Cette même parade il nous l'a jouée pour l'Italie et la Pologne. Y a-t-il un proscrit de moins dans la Romagne, la Sibérie a-t-elle perdu par eux un de ses Polonais ?

La conduite du juste-milieu sera en Piémont ce qu'elle a été partout, un composé d'astuce et de mensonge. L'ambassadeur français s'arrangera de manière à n'arriver à Turin, que lorsque le royal renégat sera fatigué de sang et de fusillades ; alors il fera ses représentations, toutes les victimes ayant été expédiées, il sera écouté, et le ministère fera fanfare de son influence et montera au Capitole.

Cependant une autre intrigue se prépare et nous menace. L'Autriche, d'après les bruits vraisemblables qui nous parviennent, s'emparerait des riches plaines du Piémont, et nous permettrait, en revanche, d'occuper les stériles montagnes de la Savoie. Nous comprenons. Aux Autrichiens la deuxième rive du Pô, Gênes, Alexandrie, Tortone, Turin et la crête des Alpes ; à nous Chambéry, pour y faire la police du bourreau sarde. Il y a de l'habileté dans ce plan, et ils veulent déflorer le drapeau tricolore aux yeux des Savoisiens, comme ils l'ont flétri à Ancône, en en faisant le palladium du pape. Ces populaires couleurs, symbole de la liberté du monde, on est bien aise de les montrer, de les étaler à la suite de la maréchaussée et des commissions de Charles-Albert, comme au service du prolégat !... admirable !

Mais y avez-vous bien pensé, messieurs de la propagande absolutiste ; en vérité, Louis-Philippe sent-il l'enjeu qu'il met à cette partie ! Jusqu'à présent ses intrigues ont eu pour témoins les populations apathiques et leutement intelligentes du Nord, mais croit-il qu'il pourra agir avec le même bonheur sur les habitans nationaux et au coup-d'œil vif et prompt du Midi ? Ancône est séparé de la France par une longue mer, mais la Savoie touche à une population française impatiente, généreuse et libérale. Elle assistera, cette population, à tous les actes du pouvoir. Pense-t-on qu'elle laissera sans s'émouvoir salir une seconde fois l'honneur et tuer la magie de son drapeau tricolore ? Ah ! transportez là le théâtre de la lutte et avant peu vous nous direz si la puissance de la propagande que vous faites sait résister à celle des principes. Là, la presse aura tout son écho et ses plus vives sympathies, là, elle ramassera les têtes que vous regarderez tomber, et, comme les anciens bourreaux, elle les agitera devant les peuples pour leur enseignement.

Là, plus entraînante, car ces prédications seront transmises par cent mille bouches patriotiques, elle répétera aux soldats qu'ils sont au pays, qu'ils sont au peuple, qu'ils sont à la France, et non à un homme qui les met, comme des Suisses, à la suite de tous les supplices et au service de tous les tyrans. Les voix des vieux soldats de l'empire retirés en foule sur ces montagnes, les paroles de la jeune propagande qui font votre effroi et notre espoir, iront leur rappeler qu'ils sont les fils des conquérans du monde et non les précurseurs des familiers de l'inquisition. La présence des Autrichiens, leurs canons braqués sur les frontières, et l'orgueil blessé de la nation et des soldats, se chargeront du reste.

Ainsi donc, essayez cette autre trahison, amoncelez ces nouvelles poudres sur le feu du patriotisme méridional. Nous verrons qui elles feront sauter.

Tout le monde sait que Louis-Philippe a le génie de la paix, comme Napoléon avait celui de la guerre. C'est une monomanie que ce parallèle, et il faut que le monarque se revête bien souvent de cette pensée, pour que M. Thiers en vienne même à prendre sa défroque.

Cependant, voyez comme cet habile homme a été conduit !

A l'extérieur, il n'est sorte de concessions qu'on n'ait exigées de lui. Obligé de se faire pardonner sa couronne, il a donné pour rançon l'oubli de ses promesses, la destruction de la propagande, l'étouffement de la révolution dans tous ses représentans au dedans et au dehors.

Il a cru par ce système faire un coup de maître. Il a pensé que l'étranger lui donnerait la main. Il n'a pas vu le venin de leurs négociations.

Cependant les voilà devenus de plus en plus exigeans. Ils l'ont complètement perdu en France et ils ne l'ont admis parmi eux que comme un commis provisoire dont ils espèrent plus tard avoir bon marché.

A l'heure où nous parlons, les puissances extérieures continuent avec activité le plan dès long-temps conçu de l'attaque directe au foyer révolutionnaire qui est en France.

C'est par les ambassades des trois puissances du Nord et par l'impulsion des torys anglais que M. de Bourmont vient de partir, chargé d'or, pour le camp de don Miguel.

Étrange destinée que celle d'un traître ! Il ne peut y avoir en Europe un homme odieux au peuple qu'il ne se sente de l'attrait pour lui. Ce n'était pas assez que l'histoire unît ensemble ces deux noms : *Bourmont et Waterloo* ; il faut encore qu'elle presse l'une contre l'autre ces deux monstruosités : *Don Miguel et Bourmont*.

Jamais cependant cet homme n'aurait été, de son propre mouvement, porter secours au bourreau couronné. Mais il a obéi à un système. La victoire de don Miguel doit être pour les alliés la première étape d'une autre campagne.

Ceux qui ont fait les frais de celle-ci ont déjà donné des gages pour la suite.

Guillaume des Pays-Bas a repris le cours de ses réclamations ; M. Dedel ne reviendra plus à Londres ; on y envoie le ministre de la guerre, un intime confident. Déjà la *Gazette d'Augsbourg* nous a annoncé que le prince d'Orange, dans une correspondance fort énergique avec la Prusse, avait déclaré que le système de concession était à bout, et qu'il fallait que la Belgique cédât.

La question s'embrouille donc au Nord comme au midi ; elle est tout autrement compliquée à l'Est.

Les événemens de la Savoie ne pouvaient manquer d'avoir leur retentissement en Autriche. On parle déjà d'une intervention à Alexandrie, et notre gouvernement aussitôt menace de jeter quelques soldats à Chambéry.

Ainsi donc, après tant de génuflexions, on est condamné à voir les embarras extérieurs recommencer.

L'Europe affiche tout haut sa haine contre la révolution. La tolérance de ce principe la tient toujours en haleine. Il faut qu'elle l'écrase ou qu'elle en soit dévorée.

Louis-Philippe a beau faire ! la couronne qu'il porte est chargée d'un passé qui lui tombera sur la tête, ou par notre fait, à nous républicains, ou par l'action des puissances.

Et remarquez qu'en jouant ainsi la caricature de Napoléon pacifique, on s'est réduit en même temps à rester sans aucune force à l'intérieur.

La dynastie compte beaucoup sur l'armée. Elle ne fut jamais à un Bourbon. D'ailleurs ce n'est pas le roi qui la tient, c'est M. Soult.

Celui-ci s'est arrangé de telle sorte, que tous les commandemens importans ont été confiés, non aux amis du roi, mais aux siens.

Si bien qu'on n'ose pas l'éloigner quoiqu'on le déteste, car on redoute son influence et sa duplicité.

Il y a quelques jours déjà que tous les préparatifs étaient faits pour son départ ; mais les événemens de Piémont l'ont retenu : et les craintes de troubles à l'intérieur sont venues se joindre aux frayeurs qu'apportent les nouvelles de Turin.

Encore ici Louis-Philippe est dupe de sa police. Quand MM. d'Argout et Gisquet craignent pour leur place, il y a bien vite une conspiration dont ils ont découvert la trame.

Par exemple, on fait remettre au roi qui voyage des lettres anonymes qui menacent sa vie ; on inquiète la reine sur les jours de son *dauphin* ; on a des rapports effrayans sur les projets des républicains ; juillet va voir une révolution nouvelle.

Les règnes ont beau se succéder, les mêmes expériences recommencent, les coquins rôdent éternellement autour des trônes et les exploitent, comme les rois exploitent les peuples.

Ainsi donc, le système dont Louis-Philippe se déclare l'auteur avec une confiance si vaine, n'est que duperie pour lui-même au-dedans et au-dehors.

Il croit tromper tout le monde, les étrangers et le pays. Le pays n'est pas long-temps dupe ; les étrangers ne l'ont jamais été, et les instrumens qu'il croit conduire réagissent par ruse et le font mouvoir à leur profit.

Un sot trouve toujours un plus sot qui l'admire.

La rouerie a le même privilége que la sottise : nous donnons cet avis aux Napoléons du jour ; leur génie fera bien de s'en souvenir.

DE LOUIS-PHILIPPE ET DE LA RESPONSABILITÉ.

Il faut enfin écarter un préjugé constitutionnel auquel *le Messager* consacre ce soir deux colonnes.

« La royauté ne doit point se produire; il faut qu'elle jette en avant les ministres; Louis-Philippe a mauvaise grâce à se faire prédicateur ; comment la royauté peut-elle espérer l'inviolabilité quand elle s'avoue chef de parti ? »

C'est là ce qu'on répète depuis long-temps , et si l'argument est bon en faveur de l'inviolabilité, il faut en conclure que l'inviolabilité est un dogme impossible, une fiction usée, et dont il faut désormais faire justice en la repoussant.

Pourquoi donc ne voulez-vous pas que la royauté se produise ? Ne voyez-vous pas que si elle n'agit pas, personne n'agira pour elle ? Nous sommes bien plus équitables, nous.

Au-dessous de la royauté nous ne voyons dans le pays aucun intérêt puissant qui voulût franchement concourir à sa conservation. Il n'y a pas une seule exploitation, même la banque, qui fût de sa nature même portée à défendre tous les intérêts égoïstes de la monarchie, si celle-ci n'intervenait pas personnellement dans les débats intérieurs et extérieurs.

Qu'on réfléchisse donc un instant à la situation de la royauté en France. Elle est en dehors de toutes les conditions ordinaires des autres monarchies.

Autour du trône d'Autriche se conserve la haute aristocratie territoriale qui s'est faite paternelle dans les communes pour mieux durer.

Près du trône de Prusse, veille et s'agite la grande aristocratie militaire créée par Frédéric, et qui répand son influence sur toute l'organisation politique du pays; Nicolas s'appuie sur ses grands seigneurs et sur leur esprit de conquête; Guillaume d'Angleterre a ses lords et son clergé ; Charles X lui-même avait sa vieille légitimité, sa noblesse, ses gardes-du-corps et ses jésuites.

Mais ce pauvre Louis-Philippe, qu'a-il pour lui ? Quelle corporation lui prête son secours, quelle force est liée à la sienne ?

S'il ne paie pas demain ses fonctionnaires, quel est celui qui ne désertera pas? S'il ne favorise pas les hauts banquiers en leur livrant les secrets de la diplomatie, combien resteront à ses côtés ?

Il n'a pour lui ni des intérêts profonds ni des convictions puissantes. Il a les intérêts qu'il crée, et qui demandent à être incessamment renouvelés; il a les opinions des hommes dont il fait la position.

Et vous voulez lui interdire l'action, la manutention des affaires ? Vous voulez l'empêcher de distribuer le budget, de fouiller aux fonds secrets, de jeter les places, de correspond resecrètement avec l'étranger, de décacheter les messages arrivés au président du conseil, de cacher les dépêches importantes, de tromper Soult comme Périer. et Périer comme Laffitte, de n'en croire que ses yeux, de tracer son système, de se produire comme l'auteur et le conservateur de tout ce qui s'est fait depuis trois ans.

Mais quelle injustice et quel défaut de moralité !

Louis-Philippe auteur du système de déception que la France méprise, a droit de dire : Il est à moi.

Louis-Philippe, auteur des lettres autographes qui ont livré l'Italie sanglante à l'Autriche, la Pologne à Nicolas, le Piémont à Charles-Albert, tous les réfugiés de tous les pays à la police de l'ignoble milieu, a le droit et le devoir même de proclamer ses œuvres.

C'est le seul acte moral de son règne ! qu'on ne le lui ravisse pas.

Ses discours dans les départemens attestent ce qu'il a dit plusieurs fois : qu'il est le grand directeur des affaires, qu'il met la main à toutes, qu'il les accepte toutes pour son compte.

Tout cela est juste et bien dit. Il ne faut pas s'en plaindre, il faut s'en souvenir.

M. Persil n'a-t-il pas voulu, dans un autre temps, enlever à la biographie même de son monarque les traits les plus visibles et les mieux tracés ? N'a-t-il pas poussé le fanatisme de l'irresponsabilité jusqu'à la négation de l'histoire? N'a-t-il pas même prétendu que s'il avait vu, vu de ses propres yeux, Louis-Philippe assassiner un homme, il se serait écrié : *Non, st pas possible* ! préférant ainsi se faire absurde lui même que d'avouer un attentat royal.

Où s'arrêterait-on avec de telles doctrines? On irait jusqu'à nier à Louis Philippe le mérite des actions auxquelles il attache le plus grand prix.

Ainsi toute sa vie a été pleine de faits qui attestent ce qu'en style ordinaire on appelle de la rouerie, et ce qu'on ne peut nommer que de la finesse diplomatique en parlant de ce haut personnage. Personne n'a suivi sous ce rapport une ligne plus droite; personne aussi n'avait été plus habile à la rendre courbe aux yeux de chacun.

Né dans une maison où la haine de la branche aînée était héréditaire, il apprit de bonne heure à s'en nourrir et à la dissimuler.

À peine entré dans la vie publique, il se déclara partisan de la constitution, il assiste aux représentations publiques où le roi est insulté, il n'applaudit pas, mais il est heureux qu'on applaudisse. L'inviolabilité cependant était aussi garantie par la constitution de 89.

Ami de la monarchie constitutionnelle il passe aux jacobins pour un républicain, il va voir juger Louis XVI, et applaudit dans les tribunes à la justice que rend l'assemblée.

Cependant il trahit les républicains comme Louis XVI. Il conspire avec Dumouriez; la conspiration ne réussit pas, il *émigre* avec armes et bagages en face de l'ennemi; trahison envers Louis XVI, trahison envers les jacobins, trahison envers les patriotes, voyage à l'étranger, réconciliation avec la branche aînée, promesse à Louis XVIII, gardée Dieu sait comment! voyage à Naples, où les deux partis maîtres de la ville se croient également ment dupés par lui; voyage en Espagne, où il ne peut garder un commandement, parce qu'on le soupçonne de vouloir pour lui le trône d'Espagne; rentrée à Paris en 1815, tentative impuissante pour arriver au trône; conspiration avec Mina, avec Pépé, avec le duc de Modène, avec bon nombre d'autres Français; conspiration dénoncée à l'Autriche ou sait par qui... Enfin, succès en 1830.....

Est-ce là que doivent s'arrêter tous ces hauts faits? Est-ce à d'autres que cet artisan de grandes entreprises laisse le soin de conduire les affaires?

Et s'il les conduit, ne commencera-t-il pas par se dire républicain jusqu'au procès des ministres; partisan de la Charte jusqu'à l'état de siége; ami des révolutions étrangères jusqu'à la ruine de la Pologne et de l'Italie; protecteur de l'honneur national jusqu'à la honte de la paix à tout prix?

Eh bien! c'est là tout le système. Aux yeux de Louis-Philippe il lui mérite l'immortalité:

Aux nôtres aussi, mais à un autre titre.

Et l'on voudrait lui enlever une telle responsabilité! Non. Il faut laisser enfin la vérité prendre sa place dans la politique.

Les fictions étaient possibles quand on y tenait des deux côtés. Mais puisque Louis-Philippe n'y tient pas, pourquoi ses partisans voudraient-ils lui imposer une irresponsabilité qui le blesse?

Oui, Sire, c'est vous qui êtes le principal auteur, l'auteur souverain de ces grandes choses dont nous avons été témoins depuis 1830; vous le rappelez, tant mieux; vous y comptez pour votre gloire, nous y comptons pour notre avenir.

Dans un ouvrage sur la *France*, récemment publié par M. Heine, on trouve un mot qui peint assez exactement le caractère de Louis-Philippe, et celui de son ambassadeur Talleyrand.

Au moment où celui-ci partait pour l'Angleterre, Louis-Philippe, qui se rappelait sans doute toutes les trahisons à prix d'or de l'ancien évêque d'Autun, lui serra la main avec effusion, et lui dit avec effort:

« Allez, prince, et quoi qu'on vous promette, n'oubliez pas que je vous donnerai le double. »

On ne cite pas la réponse de Talleyrand, mais je suppose qu'il s'en tiendra au vieux proverbe: *Un tiens vaut mieux que deux tu l'auras.* Il n'est pas homme à oublier que le prometteur, qui fut si prompt à escamoter un programme, serait bien plus habile encore s'il s'agissait d'une somme d'argent.

Je plains Philippe s'il compte sur la promesse pour éviter la trahison, et je plains Talleyrand s'il oublie de trahir par confiance en la promesse. Heureusement, à voir le caractère bien connu de ces deux honnêtes gens, on peut être rassuré des deux côtés.

La parole est à M. l'avocat-général Partarieu-Lafosse, qui déclare d'abord qu'il n'est besoin d'aucun commentaire pour établir le corps de délit ; qu'à cet égard, une simple lecture doit suffire. Cependant, M. l'avocat-général lit les articles en accompagnant chaque phrase de longues réflexions ; il déclare en terminant qu'il soutient la prévention dans toutes ses parties.

M. le président. — La parole est au défenseur.

M. Sarrut se lève, (profond silence dans l'auditoire.)

Messieurs les jurés,

La *Tribune* vient vuider aujourd'hui devant vous ses 81e et 82e querelles avec le parquet : juges du champ clos dans lequel nos adversaires nous forcent à descendre, n'allez pas supposer d'avance que nous sommes gens à caractère querelleur, toujours la lance au poing, cherchant des adversaires à combattre comme pour passe-temps… C'est qu'on le dirait en effet, à voir ces 80 combats que nous avons déjà soutenus plutôt que livrés…. Non, Messieurs les jurés, nous ne sommes pas gens à frapper d'estoc et de taille tout ce qui se présente devant nous ; mais soldats d'avant-garde au camp de la liberté, nous sommes hommes à ne laisser passer aucun abus, aucun acte arbitraire, sans crier le *qui vive* d'ordonnance….. Nos *qui vive*, Messieurs, portent l'alerte, disons mieux, l'alarme, dans le camp des hommes qui vivent du budjet, et qui sont nos adversaires nés, et c'est à leur requête que nous venons devant vous pour que, dans votre loyale et impartiale justice, vous appréciez si nous avons eu raison ou tort de jeter le cri de *gare* !

80 fois déjà vos pairs et les nôtres nous ont jugé ; 7 fois ils nous ont trouvés coupables : et sur ces 7 fois 2 condamnations peuvent être mises au rang d'honorables défaites. Mon ami Marrast ne s'est pas cru vaincu pour avoir été condamné à 6 mois de prison, dans son procès dit *des fusils-Gisquet*, et j'avoue que mon séjour à Sainte-Pélagie n'a point changé mon opinion sur certain fait historique, que je qualifierais toujours de la même manière, si l'occasion s'en présentait : mais enfin, Messieurs, sur 80 fois nous avons été 73 fois vainqueurs. Grâces donc à nos adversaires, grâces leur soient rendues, pour nous avoir ménagé de si nombreux triomphes.

Aujourd'hui, Messieurs, vous allez juger si nous avons été logiques, conséquens dans nos doctrines, et si ces doctrines sont nationales : votre verdict de culpabilité ou d'acquittement viendra ajouter une palme aux 7 lauriers cueillis contre nous par nos adversaires, ou bien un fleuron aux 73 qui composent notre couronne.

Je vais, Messieurs, suivre M. l'accusateur public dans ses dires ; vous m'honorerez de votre attention, et j'en ai d'autant plus besoin, que j'ignorais, en entrant dans cette enceinte, sur quoi porterait l'accusation, quels passages l'on incriminerait : quelles seraient nos phrases criminelles, nos mots à litige : M. l'avocat-général vient enfin de s'expliquer, je sais sur quel terrain il faut que je combatte. Je saisis donc cette arme que M. l'avocat-général a trouvé offensive, elle servira aussi à ma défense.

Et d'abord : deux procès en un ; est-ce bienveillance de la part de ces Messieurs, encombrement dans les travaux du parquet, ou besoin d'accumuler des phrases et des mots pris dans quatre articles différens pour en composer un faisceau accusateur, pour faire en quelque sorte comme un procès de tendance.... Mais de tendance à quoi? En vérité un pareil procès n'est plus possible contre la *Tribune*.... Elle a si souvent et en termes si précis formulé ses vues et ses espérances, qu'il ne peut plus être besoin de chercher un sens caché à ses phrases.

Nous ne sommes pas soldats de broussailles dont il faille suivre les détours comme à la piste, nous combattons sur la grande place publique, en plein cirque, et nous vous disons d'une voix ferme et forte, d'un ton assuré : L'avenir des peuples arrive, nous prêchons, nous annonçons la république, la république européenne, car les rois s'en vont, nous sommes pour le peuple, nous voulons tout pour et par le peuple, nous sommes les adversaires des rois : pas de procès de tendance donc, ils sont impossibles avec nous.

Venons maintenant à l'examen détaillé des phrases, des mots, des guillemets, des virgules incriminés, c'est en suivant l'accusation pas à pas qu'il sera plus aisé de la combattre.

Quand donc le ministère public voudra-t-il bien abandonner cette étrange manière d'argumenter, qui tendrait à vous tromper vous-mêmes, Messieurs, sur le but qu'il veut atteindre? Il n'est d'abord question que de constater le corps du délit; rien n'est plus simple, plus facile : il semble que toute discussion soit devenue inutile; et puis, la discussion arrive : on se dégage de cette sorte de formule oratoire, et les articles incriminés sont bientôt soumis à la dissection impitoyable du ministère public.

M. l'avocat-général n'a vu, dans tout cela, qu'une thèse d'inviolabilité royale; je suis tout prêt à accepter la question comme il l'a posée : oui, Messieurs, il s'agit d'inviolabilité royale. Voyons en quoi nous avons failli.

La question eût été difficile il y a 4 ans, nous devons le reconnaître ; alors régnait un roi de par Dieu et les bayonnettes étrangères ; alors l'inviolabilité royale était le premier article du *Credo* politique, que la Charte octroyée avait formulé pour la France. Elle semblait être comme une sorte d'auréole dont la restauration avait voulu s'illuminer.

Mais aujourd'hui, que nous avons vu de si près les fragiles misères de la royauté, sur qui donc peuvent tomber de tout leur poids, les déclamations usées sur l'inviolabilité des rois ? Sur nous, républicains, qui ne voudrions courber le front devant aucun, qui ne reconnaissons qu'aux peuples le droit de se choisir un gouvernement, non, sans doute, car, en aucun temps, nous n'avons été infidèles à ces principes. On a fait le procès aux hommes qui recevaient les abdications de Charles X et du Dauphin reconnaissant Henri V pour roi ; que ceux-là, monarchistes inconséquens, royalistes à tous vents, légitimistes à l'envi, s'arrangent, comme ils aviseront, avec les réquisitoires du ministère public, la chose ne nous regarde guères ! Qu'ils nous apprennent, ces champions ardens de l'inviolabilité, qui ne veulent trouver que là un gage de repos et de sécurité pour la France, comment il se fait qu'ils aient pu chasser trois générations de rois, sans que la France s'en soit émue.

Pourquoi donc, si le principe était si salutaire et si sacré, l'ont-ils violé en la personne du duc de Bordeaux : et s'ils l'ont une fois violé, dans un misérable intérêt dynastique, pour une misérable querelle de palais, pourquoi donc voudraient-ils empêcher la France, de le violer, quand l'heure en sera venue, dans l'intérêt de la grande querelle des peuples ?

Pour Dieu, ne parlez plus tant d'inviolabilité, vous qui l'avez brisée ! de droits acquis, et qui ne tombent pas dans la discussion, vous qui les avez tous foulés aux pieds ; car, si vous êtes dans le vrai, Louis-Philippe est lieutenant-général, Henri V est votre roi, et votre place est sur la route de Prague.

La logique gouverne le monde et nul ne peut échapper à ses conséquences. (Mouvement marqué.)

Mais pour nous, républicains, la chaîne royale toute entière s'est brisée en juillet 1830 ; insensés ou coupables furent ceux qui voulaient la souder à un trône entouré d'institutions républicaines.

Hélas, oui, quand le peuple des rues, peuple héroïque et malheureux, qu'on trouve toujours quand il faut souffrir ou combattre, se reposait après la victoire ; quand le peuple d'un autre étage se laissait déjà prendre aux magnifiques paroles d'ordre public, quelques hommes que la France connaît et que l'avenir connaîtra, déserteurs de tous les camps, corrompus de tous les régimes, intrigans de tous les métiers, laquais de tous les maîtres, reconstruisaient furtivement, à petit bruit, à huit-clos, un trône, comme on pourrait clouer un cercueil. (Sensation profonde.)

Voilà votre trône, votre royauté, votre inviolabilité ; soyez en fiers, je vous assure.

Mais quand il serait vrai que cette Charte-Vérité dût nous lier, vous et moi, acceptons-là du moins telle qu'on l'a faite.

Qu'est-ce donc autre chose , la Charte, sinon un contrat synallagmatique, qui doit lier les deux parties ? Nous dirons à Louis-Philippe : Si vous la respectez, nous la respecterons ; nous la violerons, si vous la violez...... Etes-vous donc restés dans les termes de la Charte ? Mais en vérité, c'est une question presque naïve, en présence de tout ce qui s'est passé depuis un an. Mais, dites-vous, nous soutiendrons l'inviolabilité royale, lors même qu'il plairait au roi de l'abandonner : de grâce, je vous supplie, ne soyez pas plus royalistes que le roi. *Vive le roi, quand même*, cri passablement drôle dans ce siècle, est de mauvais goût dans la bouche d'un juste-milieu. (On rit.)

Trève , s'il vous plaît , aux ardeurs de cet enthousiasme monarchique... Le drapeau blanc n'est plus.

Qu'avons-nous dit qui ne soit vrai ? Examinons : Que Louis-Philippe lui-même était las de ces fictions constitutionnelles qui le reléguaient dans les nuages ; qu'il parlait en son propre et privé nom, revendiquant pour lui la gloire de tout ce qui s'est fait depuis deux ans ; nous avons applaudi, comme nous le devions, à cette franchise vraiment royale, et nous avons suivi le roi des Français sur le terrain où il lui plaisait de se placer lui-même.

C'est là le crime, nous dit-on, et quand il se montre à nous la lance au poing et la visière levée, nous devrions sembler ne pas le reconnaître ; mais alors choisissez, roi fainéant constitutionnel, prenez des ministres responsables, des ministres plastrons, nous les attaquerons ; roi valeureux, si vous voulez combattre, faites comme nous et battez-vous à franc collier (rire général) ; ne mettez pas de cuirasse...

Mais on ajoute qu'en attaquant ainsi Louis-Philippe, nous nous arrogeons un privilége, et que nous devons respect à la loi. Oui, sans doute, égalité pour tous ! Citoyens de la *Tribune*, pour me servir de l'expression de M. l'avocat-général, nous respecterons la Charte, s'il plaît au citoyen roi Louis-Philippe de se contenter de sa part, et de ne pas se jeter dans la mêlée.

C'est qu'en vérité, Messieurs, il est certains faits devant lesquels la pudeur publique recule ; et devrons-nous appeler M. Laffitte un malhonnête homme, lorsque nous savons qu'à la Bourse, cet asile impur de tous les tripotages, sale tapis vert, sorte de guet-apens en permanence, où *l'on escompte les fausses nouvelles, tandis que depuis trois jours les nouvelles véritables sont arrivées*, ET QU'ELLES SONT ENTRE LES MAINS D'UNE PERSONNE INVIOLABLE, qui ne devait les recevoir que de son ministre responsable : oh ! non ; ce n'est pas M. Laffitte qui est le malhonnête homme !

Et s'il ne faut pas dire avec le poète :

Quand le bras a failli, l'on en punit la tête ;

Il serait bien plus étrange encore de dire :

Quand la tête a failli, l'on en punit le bras ;

Voilà, cependant où en viennent les casuistes de la quasi-légitimité !!!! Belle chose assurément que la morale monarchique !

Le ministère public n'est pas heureux quand il essaie de vous présenter l'inviolabilité royale comme un fait.

Ici, M. Sarrut, après avoir démontré, à l'aide de rapprochemens et de citations historiques, qu'à toutes les époques, la royauté a été à la merci des hauts barons de l'aristocratie et du peuple, termine cette période en ces mots :

C'est surtout de nos jours, qu'il faudrait, dans l'intérêt même de la royauté, éviter les discussions périlleuses ? Car n'avons-nous pas vu Louis XVI, victime, tomber sur la place de la Révolution, et de la main d'un d'Orléans ! Et Napoléon que la pourpre impériale ne protégea pas contre l'envahissement des rois de l'Europe coalisée ! Et les quatorze rois déchus, rois nomades, qui voyagent sans passeport ! (On rit.)

Arrivant à la discussion de l'article, M. Sarrut établit que l'auteur n'a pas franchi les limites de la discussion.

Quel est donc l'homme que le ministère public a choisi pour sa victime ? C'est ici qu'il m'importe de vous rendre juges de certaines circonstances, que votre bonne foi doit apprécier.

M. Lionne, frappé par une condamnation rigoureuse, n'a pas lu l'article et ne pouvait pas le lire : à cet égard, j'avais eu l'envie de faire assigner devant vous M. GISQUET, qui serait venu révéler la vérité de certains faits ? Croiriez-vous que M. Lionne, gérant de la *Tribune*, n'a pu obtenir la faculté de correspondre, seulement un quart-d'heure par jour, soit avec M. Marrast, soit avec moi ; j'en fis la demande à M. Gisquet qui répondit avec une politesse toute affectueuse que j'eusse à lui écrire à ce sujet ; quand je l'eus fait, on ne trouva rien de mieux à m'opposer qu'un sénatus-consulte, de je ne sais quelle époque, qui m'interdit l'accès de la prison, pendant six mois, parce que j'y ai été détenu pour mon compte; quant à M. Marrast, le bon plaisir de M. Gisquet suffisait pour lui fermer Ste-Pélagie, et l'on sait que M. Gisquet n'en fut jamais avare.

Mais on m'a dit : pourquoi ne changez-vous pas de gérant? pourquoi, pourquoi! une seule difficulté, et la voici. C'est qu'on n'a pas, quand on le veut, cinquante mille francs que de pareilles mutations exigeraient (1). Nous avons eu déjà deux gérans blessés dans nos combats contre le parquet; quand nous aurons fait quelque bonne affaire sur des fournitures de fusils, il nous sera moins difficile, sans doute, de trouver cinquante mille francs. (On rit).

Me voici arrivé à l'examen d'un objection que des hommes de bonne foi pourraient nous faire. Pourquoi l'auteur ne se nomme-t-il pas afin d'épargner au gérant la responsabilité d'un article qu'il n'a pu connaître?

Je puis parler de tout ceci, car j'ai à parler d'un fait qui m'est personnel, et sur lequel j'ai le droit d'être cru ; lors qu'il m'arriva de dire que Louis-Philippe avait déserté, et, j'ai appris, dans cette circonstance, qu'il ne fallait pas toujours appeler les choses par leur nom; l'on ne manqua pas de dire : si l'auteur de l'article était connu, l'on respecterait M. Bascans.

Je me fis connaître ; je crus à de si belles promesses! Je me nommai. J'ai été condamné à 6 mois de prison, et le gérant l'a été pareillement. Trompé une fois je ne le serai plus. Que le ministère public épuise sur nous ses rigueurs et les efforts de sa malveillance, mais nous ne serons plus si mal avisés que de lui fournir deux victimes et une si abondante chair à réquisitoire et à condamnation.

Nous n'avons eu toujours qu'un tort, s'écrie M. Sarrut, celui de reconnaître la vérité et de la dire, de signaler l'isolement et l'abandon qui règnent autour de Louis-Philippe.

Il n'a pas de lords qui veillent, quand il s'endort, car la noblesse presque toute entière a retiré son appui à cette royauté parvenue !

Si elle a rallié quelques débris vermoulus de l'aristocratie impériale ; 1814 pourra lui apprendre la confiance qu'elle doit placer dans ses sermens.

Quant à la garde nationale, lorsqu'elle accourait sur nos places publiques, c'était avant tout, pour la conservation des intérêts matériels; si elle a défendu Louis-Philippe, c'était par ricochet, et pour ainsi dire, par-dessus le marché, et parce

---

(1) Pour changer de gérant, il faut déposer, pendant trois mois, un double cautionnement de 48,000 fr.; total 96,000 francs.

qu'on ne cessait de lui faire peur de l'anarchie, des massacres, des échafauds... Des échafauds ! Vous en parlez, vous aussi, et pourquoi donc continuellement réveiller les souvenirs de la place Louis XV et des scènes dont elle fut le théâtre ? Mon Dieu, les d'Orléans ne devraient jamais prononcer tous ces noms-là; car ils ont encore du sang au bout des doigts. (Sensation profonde).....

La place Louis XV et le sanglant holocauste du 21 janvier. Je n'en parle pas par respect pour l'inviolabilité, car là, ce jour, une tête d'après vous inviolable tombait, et un jeune homme, vous savez qui, applaudissait..... La garde nationale ! Elle y était aussi ; elle serait demain à la porte et au secours de celui qui, par un coup hardi, j'allais dire heureux, renverserait le fauteuil où l'on trône !!!.. La garde nationale, elle est pour ce qui est. Lisez son passé de 40 années : spectatrice joyeuse de tous les succès, garde funéraire de tous les cercueils royaux.

Continuons. On s'est étonné de voir le mot *roueries*, appliqué à Louis-Philippe, pourquoi donc ? n'est-il pas juste que le mot, créé par M. le régent, reste dans la famille d'Orléans comme son plus glorieux patrimoine ?

Messieurs, dit M. Sarrut en terminant, gardez-vous de croire qu'aucune pensée d'hostilité personnelle à Louis-Philippe, ait inspiré aucun des articles qui vous sont dénoncés ; c'est le principe que nous poursuivons en lui, principe dont il doit être en France, le dernier représentant.

L'homme nous est complettement indifférent, et, si nous troublons, quelquefois dans son sommeil, l'hôte passager des Tuileries, nous aurions toujours respecté l'existence de l'opulent propriétaire de Neuilly.

Reconnaissez donc, Messieurs, que nous avons usé de notre droit, comme il convenait à des hommes de cœur, et que votre décision soit un nouvel hommage rendu à la liberté de la presse. (Approbation générale.)

Après cette chaleureuse improvisation dont nous n'avons pu reproduire qu'imparfaitement quelques passages, M. Lionne déclare n'avoir rien a ajouter pour sa défense, et M. le président commence son résumé.

Pour rendre hommage à la vérité, nous devons dire que le résumé de M. le président, est un réquisitoire véritable, dans lequel il prend soin de reproduire très-longuement, avec une acreté janséniste les moyens déduits par M. l'avocat-général ; après avoir même pris la peine de relire les articles ; quant à la défense, M. le président annonce qu'il n'en dira que très-peu de mots, et il remplit très-religieusement cette promesse.

Après une délibération qui ne leur a même pas laissé le temps de lire les articles incriminés, les jurés viennent déclarer M. Lionne coupable sur les deux questions (1).

M. l'avocat-général requiert l'application des peines prononcées par la loi.

M. le président : Avez-vous quelques observations à faire sur l'application de la peine.

M. Sarrut invoque les circonstances atténuantes personnelles à M. Lionne qui ne permettent pas à la cour d'user de rigueur envers lui.

M. le président : Faites attention qu'il peut y avoir une question grave; Lionne est, dans le cas de l'article 58, étant en état de récidive; que M. l'avocat-général s'explique là-dessus.

M. l'avocat-général, qui n'a pas soulevé cet incident, déclare s'en rapporter à la prudence de la Cour; on sait que, dans le langage ordinaire du Palais, cette formule du ministère public équivaut, pour ainsi dire, à des conclusions favorables au prévenu.

M. le président insiste, et M. Sarrut démontre alors que la loi, déjà si dure et si odieuse sur la récidive, ne peut s'appliquer qu'en ce qui regarde les juridictions ordinaires, et jamais les juridictions exceptionnelles, telles que la Chambre des députés, qui a condamné M. Lionne dans un procès devenu fameux.

Après une fort courte délibération, la Cour condamne M. Lionne *à cinq ans* d'emprisonnement, maximum de la peine; et *vingt mille francs* d'amende, double du maximum de la peine.

Ainsi jugé par MM. SILVESTRE DE CHANTELOUP, président, MARQUIS, VILLEDIEU, DE TOREY, ET AMELIN, CONSEILLERS, MAGISTRATS DE CHARLES X.

En vente chez A. Rion, rue Trainée-St-Enstache, 15. Paris.

(Affranchir les demandes et l'argent.)

Chansone républicaines de 1789 *à* 1792.

Chansons républicainee de 1830 *à* 1833.

Droits et Devoirs du Républicain; par Adolphe RION.

Déclaration des droits de l'homme, avec commentaires de Laponneraye.

Les quatre ouvrages précédens ont chacun 16 pages encadrées, et se vendent 1 fr. 50 c. le cent, ou 2 c. l'exemp.

On peut se procurer à la même adresse, la *Déclaration des Droits de l'homme*, en gros caractères sur très grande feuille à 7 fr le ceut ou 2 sous l'exemplaire.

Tous ces ouvrages sont imprimés sur des presses ordinaires; car aujourd'hui les *mécaniques* enlèvent le pain de l'ouvrier au lieu de lui donner le temps d'acquérir de l'iustruction.

---

(1) Nous pouvons affirmer que ce verdict n'a pas été prononcé à l'unanimité, car publiquement deux jurés se sont expliqués à cet égard.... Il y a des solidarités qu'on n'aime pas à partager.

Paris. — AUGUSTE MIE, imprimeur de la TRIBUNE, rue Joquelet, 9.

www.ingramcontent.com/pod-product-compliance
Lightning Source LLC
LaVergne TN
LVHW051037060726
842524LV00007B/2863